Dünentorte, Friesenbeutel & Silkes Blaubeerkuchen

Torten und Kuchen aus der Küstenküche

COBRA

Zwei leidenschaftliche Kuchenbäckerinnen trafen sich und beschlossen, dieses interessante Torten- und Kuchenbackbuch zu erstellen.

Die Torten von Seite 4 bis zur Seite 53 hat Frau Silke Hars, Inhaberin des Cobra Verlages, gebacken und fotografiert.
Die Torten sind berechnet für eine 26-er Springform.

Die Torten von Seite 54 bis Seite 71 hat Frau Birgit Stotz gebacken und fotografiert.
Sie führt das wunderschöne Café
„Alte Scheune" in 24797 Breiholz,
direkt an der Südseite vom Nord-Ostsee-Kanal gelegen, Meckelmoor 3a
Telefon: 0 48 75 - 90 27 77.
info@ahoi-hotel.de

Impressum
2017 © by Cobra Verlag
Inhaberin: Silke Hars
Rotschenkelweg 8
25813 Husum
Telefon: 0 48 41 - 66 22 866
Telefax: 0 48 41 - 66 22 989
E-Mail: cobraverlag@web.de
Internet: www.cobraverlag.de

Druck und Bindung:
Druckhaus Dräger + Wullenwever, Lübeck
ISBN 978-3-937580-80-7

Inhalt

Kirsch-Trümmertorte

Zutaten Teig:
5 Eigelb,
125 g Zucker,
150 g Mehl,
1 Teelöffel
Backpulver,
140 g Margarine

Zutaten Baiser:
5 Eiweiß,
1 Prise Salz,
200 g Zucker

Zutaten Torte:
1 Glas Kirschen,
5 Esslöffel Zucker,
3 ½ Päckchen
roten Tortenguss,
500 ml Schlagsahne,
4 Esslöffel Zucker

Zubereitung:

Eigelb, 125 g Zucker, 150 g Mehl, 1 Teelöffel Backpulver und
140 g Margarine zu einem Teig verrühren. Mit bemehlten Fingern auf zwei
eingefetteten Springformen verteilen. Fünf Eiweiße mit einer Prise Salz
schön steif schlagen. 200 g Zucker einrieseln lassen. Auf beide Böden
verteilen. Nicht glatt streichen. Ruhig Eiweißspitzen stehen lassen.
Bei 160° C Ober- und Unterhitze ca. 35 Minuten backen.
Kirschen abtropfen lassen. Etwas Saft zum Anrühren des Tortengusses
verwenden. Den Rest Saft mit fünf Esslöffeln Zucker zum Kochen bringen
und mit dem angerührten Tortenguss andicken. Die Kirschen dann erst
unterrühren.
Einige Stunden abkühlen lassen.
Den ersten Tortenboden auf eine
Tortenplatte legen. Die abgekühlte
Kirschmasse auf dem Boden verteilen.
500 ml Schlagsahne mit vier Esslöffel
Zucker steif schlagen und auf die
Kirschmasse verteilen. Den zweiten
Tortenboden in zwölf Stücke schneiden
und auf die Sahne legen.

Friesenbeutel

Zutaten Teig:
1/8 l Wasser,
50 g Butter,
1 Prise Salz,
125 g Mehl (ergibt ca. 10 Friesenbeutel)
3 Eier

Zutaten Friesenbeutel:
500 ml 35 %-ige
Konditorsahne,
3 Esslöffel Zucker,
1 Glas gutes Pflaumenmus

Zubereitung:
1/8 l Wasser, Butter und eine Prise Salz zum Kochen bringen. 125 g Mehl auf einmal zufügen und so lange rühren, bis der Teig sich als Kloß vom Topfboden löst. Den Teig sofort in eine Schüssel geben und die drei Eier einzeln unterrühren mit einem Holzlöffel. Nach jedem Ei werden sie merken, wenn der Teig das Ei aufgenommen hat, dann erst das nächste Ei zufügen und immer weiterrühren. Wenn der Teig Blasen wirft, ist er fertig und wird für 30 Minuten zur Seite gestellt. Danach mit zwei Teelöffeln ca. zehn Teighäufchen auf ein mit Backpapier ausgelegtes Backblech plazieren. Den Backofen auf 220 ° C Ober- und Unterhitze vorheizen und die Friesenbeutel dann für 25 – 30 Minuten backen. Das Backblech rausnehmen und die Friesenbeutel abkühlen lassen.
Mit einem scharfen Messer die Teigbeutel einmal quer durchschneiden. Mit Pflaumenmus füllen.
Sahne mit drei Esslöffel Zucker steif schlagen und auf dem Pflaumenmus einen Sahnehaufen spritzen. Den Teigdeckel auflegen und verzehren.
Lecker.

Orangen-Mandarinen-Sahnetorte

Zutaten Teig:
4 Eier, 130 g Zucker, 95 g Mehl, 65 g Speisestärke, 1 Teelöffel Backpulver

Zutaten Torte:
1 große Dose Mandarinen (oder 4 kleine Dosen), 600 ml 35 %-ige Konditorsahne, 1 Esslöffel Zucker, 1 Päckchen Orangengetränkepulver

Zubereitung:
Vier Eiweiß schön steif schlagen. 130 g Zucker einrieseln lassen. Vier Eigelbe vorsichtig unterheben. Mehl, Speisestärke und Backpulver mischen und ebenfalls vorsichtig unter die geschlagene Eimasse heben. In eine gefettete und mit Paniermehl ausgestreute Springform füllen und bei 175° C Ober- und Unterhitze 25 Minuten backen. Abkühlen lassen und dann einmal waagerecht durchschneiden. Den unteren Tortenboden auf eine Tortenplatte legen und einen Tortenring umlegen. 400 ml Konditorsahne halb fest schlagen. Dann das Päckchen Orangen-Getränkepulver einrieseln lassen und die Sahne damit steif schlagen. Die Hälfte davon auf dem Tortenboden verteilen. Die Mandarinen abtropfen lassen. Dann die Mandarinen auf der Orangensahne verteilen. Die zweite Hälfte der Orangensahne darauf verteilen. Den Tortendeckel auflegen. 200 ml Konditorsahne mit einem Esslöffel Zucker steif schlagen und auf der Torte verteilen.
Verzieren.

Apfelkuchen vom Blech

Zutaten:

500 g Butter,	500 g Mehl,	1250 g Äpfel,
4 Eier,	1 ½ Päckchen Backpulver,	Puderzucker zum
500 g Zucker,	2 Tassen Wasser,	Bestäuben

Zubereitung:

Die Butter schmelzen lassen. In eine Rührschüssel geben und mit vier Eiern und 500 g Zucker schaumig rühren. Zwei Tassen Wasser unterrühren. Mehl und Backpulver mischen und unterheben.

Die Äpfel schälen und in Spalten schneiden. Die Apfelspalten unter den Teig rühren und auf ein eingefettetes und mit Paniermehl ausgestreutes Backblech füllen.

Bei 200° Ober- und Unterhitze ca. 45 – 55 Minuten backen. Abkühlen lassen und mit Puderzucker bestäuben.

Heidelbeer-Eierlikör-Sahnetorte

Zutaten:

3 Eier,
150 g Puderzucker,
75 ml Sonnenblumenöl,
75 ml Eierlikör,
75 g Mehl,
75 g Kartoffelmehl,
2 Teelöffel Backpulver,

1 Glas Heidelbeeren,
6 Esslöffel Zucker,
4 Päckchen roten Tortenguss,
Eierlikör,
600 ml 35 %-ige Konditorsahne,
zwei Esslöffel Zucker

Zubereitung:

Drei Eier mit 150 g Puderzucker schön schaumig rühren. 75 ml Eierlikör und 75 ml Öl beim Schlagen in die Ei-Zuckermasse einträpfeln lassen. Mehl, Kartoffelmehl und Backpulver mischen und unter den Teig heben. Eine Springform mit Backpapier auslegen und den Teig einfüllen. Backofen vorheizen und bei 175° C Ober- und Unterhitze 30 Minuten backen. Abkühlen lassen.

Das Glas Heidelbeeren in einen Topf geben. Sechs Esslöffel Zucker zugeben. Vier Päckchen roten Tortenguss mit etwas der Heidelbeerflüssigkeit anrühren. Damit die Heidelbeeren andicken.

Den Tortenboden auf eine Tortenplatte legen und einen Tortenring umspannen. Die angedickte Heidelbeermasse auf den Tortenboden geben und abkühlen lassen.

Die Sahne mit zwei Esslöffel Zucker steif schlagen. 2/3 der Sahne auf der abgekühlten Heidelbeermasse verteilen. Mit dem Rest der geschlagenen Sahne dicke Sahnetupfer dicht an dicht um den Tortenrand setzen. In die Mitte jetzt Eierlikör laufen lassen. Die Sahnetupfer verhindern das Auslaufen. Einige Stunden stehen lassen und dann servieren.

Ich schneide Tortenstücke ab, wenn der Besuch kommt. Dann garniere ich mit Sahnetupfer und gieße Eierlikör darüber.

Lakritz-Sahnetorte

Zutaten:
1 dunklen
Biskuittortenboden
(siehe Seite 30)

Zutaten Creme:
200 g Lakritzschnecken,
150 ml Sahne,
150 ml Wasser,
500 ml 35%-ige Konditorsahne,
5 Esslöffel Zucker,
4 Blättchen weiße Gelatine

Zutaten Verzierung:
300 ml 35%-ige
Konditorsahne,
2 Esslöffel Zucker,
Lakritz zum Verzieren

Zubereitung Creme:

150 ml Sahne und 150 ml Wasser in einen breiten Kochtopf geben. Die Lakritzschnecken einfüllen, so dass die Schnecken alle in der Flüssigkeit liegen. Die Flamme auf 1 stellen und ca. 30 Minuten auf der Flamme stehen lassen, so dass die Lakritzschnecken schön einweichen. Das Wasser wird etwas bräunlicher werden. Nicht kochen lassen. Weitere 30 Minuten die Flamme auf 2 stellen und die Schnecken immer mal rühren. Vielleicht auch noch einmal einige Tropfen Wasser zugeben. Zum Schluss werden sie weich, so dass man mit einem Schneebesen vorsichtig die Masse rühren kann. Es bleiben aber immer noch einige Lakritzstückchen in der Masse. Von der Flamme ziehen und ca. 10 Minuten stehen lassen. Noch einmal rühren und dann in ein Sieb gießen. In einer Schüssel wird die braune Lakritzmasse aufgefangen. Auch das Sieb von unten noch einmal mit dem Löffel abstreifen. Die Lakritzmasse, die nicht durch das Sieb geht, bitte wegwerfen. Abkühlen lassen.
Die Masse sieht nach Stunden ähnlich aus wie Schokoladenpudding.
Den Biskuitboden einmal durchschneiden.
Den einen Boden auf eine Tortenplatte legen und einen Tortenring umlegen. Vier Blatt weiße Gelatine in kaltem Wasser einweichen. Die 500 ml Sahne mit fünf Esslöffel Zucker steif schlagen. Die Lakritzmasse unterrühren.

Die Gelatineblättchen ausdrücken und in einen kleinen Topf auf Flamme 1 am Herd stellen. Rühren, bis sich die Gelatine aufgelöst hat. Von der Platte nehmen und vier Esslöffel Lakritzsahne hinzugeben. Schnell rühren, damit es keine Klümpchen gibt. Rühren, bis es eine homogene Masse ist. Diese dann in die Lakritzsahne geben und gut unterrühren. Auf den Tortenboden verteilen und den zweiten Tortenboden auf die Lakritzsahne legen.
Einige Stunden in den Kühlschrank stellen. 300 ml Sahne mit zwei Esslöffel Zucker steif schlagen und mit Lakritz verzieren. Für Lakritzliebhaber und für Kindergeburtstage wunderbar.

Pförtchen (Braatball)

Zutaten:

Pförtchenpfanne,
250 g Mehl,
½ Würfel Hefe,
Prise Salz,
4 Esslöffel Zucker,

1/8 l Milch,
25 g Butter,
2 Eier,
abgerieben Schale einer halben Zitrone

Zubereitung:

Hefe mit zwei Esslöffel Zucker in einem Schälchen anrühren und warten, bis die Hefe flüssig ist. Mehl in eine große Schüssel geben. Eine Prise Salz und zwei Esslöffel Zucker hinzugeben. Milch mit der Butter in einem Topf lauwarm werden lassen. Die Flüssigkeit mit der angerührten Hefe auf das Mehl geben und etwas verrühren. Zwei Eigelbe und die geriebene Zitronenschale dazugeben. Zwei Eiweiße steif schlagen und unter die Teigmasse rühren. Eine halbe Stunde gehen lassen.
Die Pförtchenpfanne auf die Herdplatte stellen, die Vertiefungen mit etwas Butter befüllen, so daß die Pförtchen nicht ansetzen. Mit zwei Teelöffel Teig in die Vertiefungen setzen und ca. drei bis vier Minuten garen und bräunen. Dann mit einer Gabel die Pförtchen vorsichtig wenden und wieder drei bis vier Minuten backen.

In Zucker wenden oder mit Puderzucker bestäuben.
Warm essen.

Quark-Erdbeertorte (ohne Boden)

Zutaten Teig:

1000 g Magerquark,
180 g Zucker,
125 g weiche Butter,
1 Päckchen Vanillezucker,
1 Päckchen Vanille-Puddingpulver,

1 Päckchen Backpulver,
3 Esslöffel Speisestärke,
Saft von 2 Zitronen,
4 Eier

Zutaten Torte:

600 ml 35%-ige Konditorsahne, 4 Esslöffel Zucker, Erdbeeren

Zubereitung:

Butter, Zucker, Vanillezucker und Eier rühren. Magerquark mit dem Päckchen Vanille-Puddingpulver und dem Saft von zwei Zitronen unterheben. Zum Schluss drei Esslöffel Speisestärke mit dem Päckchen Backpulver unterheben. Eine Springform einfetten und den Teig einfüllen. Bei 175° C Ober- und Unterhitze 75 – 85 Minuten backen. Auskühlen lassen. Die Sahne mit vier Esslöffel Zucker steif schlagen. Die Quarktorte mit Sahnetupfer garnieren und mit geschnittenen Erdbeerscheiben belegen. Man kann die Torte auch mit Blaubeeren oder Schwarzen Johannisbeeren belegen.

Pflaumentorte

Zutaten Teig:
1 ½ Tassen Mehl, 1 Tasse Speisestärke, Prise Salz, 2 Esslöffel Sahne,
100 g zimmerwarme Butter, 1 Teelöffel Zucker, 1 Eigelb

Zutaten Belag:
1000 g frische Pflaumen, 100 g Zucker, 2 Esslöffel Wasser,
3-4 Esslöffel Speisestärke

Zubereitung:
Aus Mehl, Stärkemehl, Prise Salz, 2 Esslöffel Sahne, 100 g zimmerwarmer
Butter, einem Teelöffel Zucker und einem Eigelb mit der Hand einen Teig
kneten.
Den Teig zwischen zwei Blättern Backpapier mit der Holzrolle zu einem
Kreis ausrollen. Mit dem Backpapier in eine Quicheform (mit welligem
Rand) vorsichtig legen. Den Teig vorsichtig in die Form drücken, ohne dass
der Teig reißt. Wenn ja, dann mit dem Daumen den Teig wieder
zusammendrücken. Sonst läuft nachher die Pflaumenmasse aus.
Bei 190° C Ober- und Unterhitze ca. 45 Minuten backen.
Teig in der Form erkalten lassen.
Die Pflaumen klein schneiden. Mit zwei Löffeln Wasser und 100 g Zucker in
einen Topf zum Kochen geben. Wenn die Pflaumen etwas verkocht sind, die
Masse mit drei bis vier Esslöffel Speisestärke
andicken und sofort in den gebackenen Teig,
der immer noch in der Form ist, füllen. Über
Nacht im Kühlschrank abkühlen lassen.
Evtl. mit geschlagener Sahne garnieren.
Schmeckt aber auch so sehr sehr gut.

Cremeschnitten

Zutaten Blitzblätterteig:
150 g Mehl,
150 kalte Butter,
1 Prise Salz,
50 ml kaltes Wasser

Zutaten Cremeschnitten:
¾ l Milch,
1 ½ Päckchen Vanille-Puddingpulver,
60 g Zucker,
40 g Butter,
300 ml 35 %-ige Konditorsahne,
2 Esslöffel Zucker

Zubereitung:
Mehl, kaltes Wasser, Prise Salz und die in Stücke geschnittene Butter zügig zu einem Teig verkneten (es dürfen ruhig noch Butterstücke sichtbar sein). Zu einem rechteckigen Stück dünn ausrollen und den Teig dreifach übereinander legen. Für eine halbe Stunde kalt stellen. Erneut dünn ausrollen und abermals den Teig dreifach übereinander legen. Wieder eine halbe Stunde kalt stellen. Erneut dünn ausrollen und wieder dreifach übereinander schlagen. Kalt stellen. Dünn längliches Rechteck ausrollen. In der Mitte mit einem Messer teilen. Jetzt die zwei länglichen Rechtecke auf ein mit Backpapier ausgelegtes Backblech nebeneinander legen.
In den auf 200° C Ober- und Unterhitze vorgeheizten Backofen schieben und ca. 20-25 Minuten backen.
Ein und halb Päckchen Vanille-Puddingpulver mit etwas Milch anrühren. Den Rest der Milch mit 60 g Zucker zum Kochen bringen und mit dem angerührten Puddingpulver andicken. Vom Herd ziehen und 40 g Butter unter ständigem Rühren einarbeiten. Kalt stellen.
Wenn die Masse kalt ist, mit einem Schneebesen tüchtig rühren, bis eine sahnige Puddingmasse entstanden ist.

Ein abgekühltes längliches Rechteck vom Backblech auf eine gerade Fläche legen. Die sahnig geschlagene Puddingmasse auf dem Teig verteilen. Schlagsahne mit zwei Esslöffel Zucker steif schlagen und mit dem Spritzbeutel auf der kurzen Seite des Teiges Sahnereihen spritzen. Den zweiten Blätterteigstreifen in gewünschte Stücke schneiden und auf die Sahne legen. Mit einem scharfen Messer die Cremeschnitten abschneiden und auf eine Tortenplatte legen.

Schoko-Erdbeertorte

Zutaten Teig:

7 Eier,
Prise Salz,
150 g Zucker,
60 g Speisestärke,

70 g Kartoffelmehl,
40 g Kakao,
½ Päckchen Backpulver

Zutaten Torte:

750 ml 35%-ige
Konditorsahne,
6 Esslöffel Zucker,
750 g Erdbeeren

Zubereitung:

Sieben Eiweiß mit einer Prise Salz steif schlagen. 150 g Zucker beim
Schlagen einrieseln lassen. Sieben Eigelbe vorsichtig unterheben.
Speisestärke, Kartoffelmehl und Kakao zusammen vermischen und ebenfalls
vorsichtig unter den Teig heben. Den Teig in eine gefettete Springform füllen
und bei 160° C Ober- und Unterhitze 45 Minuten backen. Abkühlen lassen.
Der Boden wird immer schön hoch. Davon jetzt zwei Tortenböden
abschneiden. Es bleibt noch ein Boden übrig, den man einfrieren kann.
Einen Boden auf eine Tortenplatte legen und einen Tortenring umlegen.
Die Erdbeeren entstielen und halbieren. Die halben Erdbeeren mit der
Schnittfläche an dem Tortenring auf den Tortenboden stellen. Die Erdbeere
mit dem dickeren Ende nach unten aufstellen. Einige Erdbeeren zur
Verzierung zurückstellen. Den Rest der Erdbeeren in kleine Stücke
schneiden. Die Kondiotorsahne mit sechs Esslöffeln Zucker steif schlagen.
2/3 der Sahne abnehmen und mit den zerkleinerten Erdbeeren vermengen.
Auf den Tortenboden füllen. Aufpassen, dass die halben Erdbeeren nicht
umfallen. Sahne etwas andrücken, damit die Zwischenräume auch mit Sahne
gefüllt sind. Den zweiten Tortenboden aufsetzen. Mit Sahne bedecken.
Mit dem Rest Sahne und den zurückgestellten Erdbeeren die Torte verzieren.

Apfelbrot

Zutaten Teig:

4 Eier,	1 Bio-Zitrone,
250 g Zucker,	½ Päckchen Backpulver,
½ Teelöffel Zimt,	3 Äpfel
250 g Mehl,	

Zubereitung:

Die Äpfel schälen, entkernen und in kleine Würfel schneiden. Die Bio-Zitronenschale abreiben und auffangen. Den Saft der Zitrone sofort über die gewürfelten Äpfel geben, damit sie nicht braun werden. Vier Eier mit 250 g Zucker schaumig schlagen. Drei Esslöffel Mehl abnehmen und zur Seite stellen. Rest Mehl mit Zimt, Backpulver und abgeriebener Zitronenschale mischen und unter die Ei-Zuckermasse rühren. Die drei Esslöffel Mehl zerstreue ich auf den Apfelwürfeln und mische das Mehl unter die Äpfel, damit sie im Teig nicht alle nach unten sinken. Äpfelwürfel unter den Teig heben. Eine Kastenform mit Backpapier auslegen und den Teig sofort einfüllen. Den Backofen auf 180° C Ober- und Unterhitze vorheizen.
Dann die Kastenform einschieben und bei 180° ca. 85 – 90 Minuten backen.

Quark-Kirsch-Torte

Zutaten Teig:
175 g zimmerwarme Butter,
125 g Zucker,
3 Eier, 200 g Mehl,
20 ml Sahne,
2 Teelöffel Backpulver,
2 Esslöffel Kakao,
20 ml Sahne

Zutaten Torte:
500 ml Schlagsahne,
4 Esslöffel Zucker,
500 g Sahnequark,
1 Päckchen geriebene Zitronenschale,
5 Blatt weiße Gelatine,
1 Glas Kirschen,
1 Päckchen roter Tortenguss,
3 Esslöffel Zucker

Zubereitung:
Die Butter mit dem Zucker schaumig schlagen. Nach und nach beim Schlagen die drei Eier zugeben. Mehl und Backpulver verrühren und mit 20 ml Sahne unter die Masse rühren. Eine Springform mit Backpapier auslegen. Die Hälfte der Teigmasse in der Form verteilen. In den Restteig zwei Esslöffel Kakao und 20 ml Sahne unterrühren. Entweder dunkle Teigklekse machen oder einen schwarzen Teigring setzen. Kirschen abtropfen lassen, Kirschsaft auffangen. Die Kirschen auf dem Teig verteilen und etwas eindrücken.

Bei 175° ca. 35 – 40 Minuten backen. Abkühlen lassen. Den Boden auf eine Tortenplatte legen und einen Tortenring umlegen. Fünf Blatt weiße Gelatine in kaltem Wasser einweichen. 400 ml Schlagsahne mit vier Esslöffel Zucker steif schlagen. 500 g Sahnequark und das Päckchen geriebene Zitronenschale unter die Sahne rühren. Die eingeweichte Gelatine ausdrücken und in einem Topf auf der Herdplatte vorsichtig erwärmen. Wenn die Gelatine aufgelöst ist, den Topf von der Herdplatte nehmen.

Einige Löffel von der Sahne-Quarkmasse hinzufügen. Schnell umrühren, ehe Klumpen entstehen. Dann alles in die Quarkmasse geben und nochmals umrühren. Auf den Tortenboden füllen. Etwas von dem 250 ml Kirschsaft aus dem Glas abnehmen und damit das Päckchen roten Tortenguss anrühren. Den Rest Kirschsaft mit drei Esslöffel Zucker erhitzen und mit dem Tortenguss andicken. Sofort auf die Quarkmasse geben, dann gibt es die schöne Marmorierung. 100 ml Sahne steif schlagen und die Torte mit Tupfen verzieren.

Silkes Kaffeetorte

Zutaten Teig:
7 Eier,
150 g Zucker,
60 g Speisestärke,
70 g Mehl,
40 g Kakao,
½ Päckchen Backpulver

Zutaten Torte:
900 ml 35 %-ige Konditorsahne,
4 Esslöffel Zucker,
½ Glas Preiselbeeren,
2 ½ Teelöffel Kaffee-Instantpulver,
3 cl Rum

Zubereitung:
Sieben Eiweiß steif schlagen. 150 g Zucker einrieseln lassen. Die sieben
Eigelbe vorsichtig unterheben. Speisestärke, Mehl, Kakao und Backpulver
mischen und vorsichtig unter den Teig heben. In eine gefettete Springform
füllen und bei 160° C Ober- und Unterhitze 45 Minuten backen.
Nach dem Erkalten den Tortenboden zweimal waagerecht durchschneiden.
Den unteren Teil auf eine Tortenplatte legen. Einen Tortenring umlegen.
Die Konditorsahne mit vier Esslöffeln Zucker steif schlagen. Ein Drittel der
Sahne abnehmen und mit einem halben Glas Preiselbeeren mischen.
Auf den unteren Tortenboden füllen und verteilen.
Den zweiten Tortenboden auflegen. 3 cl Rum in eine Schüssel geben,
mit 2 ½ Teelöffeln Kaffee-Instantpulver vermengen und mit dem zweiten
Drittel der geschlagenen Sahne vermengen.
Auf den zweiten Boden verteilen. Den Tortendeckel auflegen und die
restliche Sahne verteilen und etwas verzieren.

Holländische Apfeltorte

Zutaten Boden:
50 g Margarine,
50 g Zucker,
1 Ei,
75 g Mehl,
½ Teelöffel Backpulver

Zutaten Torte:
440 ml Wasser,
160 g Zucker,
2 Päckchen Vanille Puddingpulver,
850 g süß-säuerliche Äpfel,
2 Zitronen

Zubereitung:

Margarine, Zucker und ein Ei schaumig rühren. Mehl mit dem Backpulver unterrühren. Den Teig mit einem Löffel dünn in eine gefettete und mit Paniermehl ausgestreute Springform füllen. Bei 175° C bei Ober- und Unterhitze ca. 18 Minuten backen.

Den Teig nach dem Backen auskühlen lassen. Den Teigboden auf eine Tortenplatte heben und mit einem Tortenring umlegen. Die Äpfel schälen, entkernen und in kleine Stücke schneiden. Mit einem Raspeleinsatz auf der Küchenmaschine die Äpfel raspeln. Wer keine Maschine hat, kann die Menge auch gut mit der Hand grob raspeln. Die beiden Zitronen entsaften und über die Äpfelraspeln geben, damit sie schön hell bleiben. Von 440 ml Wasser etwas abnehmen und damit die beiden Päckchen Puddingpulver anrühren. Der Rest des Wassers mit dem Zucker zum Kochen bringen. Dann mit dem Puddingpulver andicken. Sofort die geraspelten Äpfel unterrühren und auf den Teigboden geben. Verteilen und eine Nacht fest werden lassen. Die Torte schmeckt mit Sahne, mit Eierlikör, aber auch ohne alles. Wer einen etwas dickeren Tortenboden möchte, nimmt 100 g Margarine, 100 g Zucker, 2 Eier, 150 g Mehl und 1 Teelöffel Backpulver.

Erdbeer Charlotte

Zutaten:

1 dünnen Biskuitboden,	10 Blättchen helle Gelatine,
1 Packung Löffelbiskuits,	dunkle Kuchenglasur,
750 ml 35 %-ige Konditorsahne,	200 ml Sahne zum Garnieren,
1000 g Erdbeeren,	1 Esslöffel Zucker
9 Esslöffel Zucker,	

Zubereitung:

Den dünnen Biskuitboden auf eine Tortenplatte legen. Die Löffelbiskuits auf 7 cm Länge zuschneiden. Einen Tortenring mit etwas Spiel um den Tortenboden legen. Die zugeschnittenen Löffelbiskuits in die Lücke zwischen Tortenboden und Tortenring stellen. Tortenring festziehen, so dass die Löffelbiskuits um den Tortenboden stehen. Zehn Blättchen helle Gelatine in kaltem Wasser einweichen. 750 ml Sahne mit neun Esslöffel Zucker steif schlagen. Von den Erdbeeren 15 schöne Exemplare zur Seite stellen. Den Rest Erdbeeren vom Stengel befreien, in eine Schüssel geben und pürieren und unter die geschlagene Sahne heben. Die zehn Minuten eingeweichten Gelatineblättchen ausdrücken und in einem Topf bei ganz geringer Wärme auflösen, unter ständigem Rühren. Dann von der Herdplatte ziehen und etwas von der pürierten Erdbeermasse einrühren. Danach erst die gesamte Masse unter die pürierten Erdbeeren geben. Gut umrühren. Diese Sahne-Erdbeermasse auf den Tortenboden geben. Für einige Stunden in den Kühlschrank stellen. Kuchenglasur im Wasserbad auflösen und die zur Seite gestellten Erdbeeren eintunken und zur Seite stellen. Die Sahne zum Verzieren mit einem Esslöffel Zucker steif schlagen. Garnieren.

Baiser-Eistorte

Zutaten:
1000 ml 35 %-ige Konditorschlagsahne,
150 g Baiser,
200 g Zartbitterschokolade,
200 g Krokant,
einige Zartbitterflöckchen

Zubereitung:
200 g Zartbitterschokolade mit einem scharfen Messer grob schneiden.
Die Baisers in kleine Stücke schneiden. Die Schlagsahne steif schlagen.
Zerbröseltes Baiser, die grob geschnittene Zartbitterschokolade und
200 g Krokant unter die geschlagene Sahne rühren.
Eine Springform mit Alufolie auskleiden und die Sahnemasse einfüllen.
Mit einigen Zartbitterflöckchen bestreuen. Mit Alufolie die Springform
abdecken mindestens für zwei Tage in den Gefrierschrank stellen.
Mit etwas geschlagener Sahne garnieren.
Schmeckt lecker.
Man hat, wenn Besuch kommt, immer Eistorte vorrätig.

Silkes Blaubeerkuchen

Zutaten Teig:
1 ½ Tassen Mehl, 1 Tasse Mondamin,
viertel Teelöffel Salz, 2 Esslöffel Sahne,
100 g zimmerwarme Butter,
1 Teelöffel Zucker, 1 Eigelb

Zutaten Belag:
500 g Blaubeeren,
1 Tasse Zucker,
200 g Schmand, 1 Eigelb,
2 Teelöffel Mondamin

Zubereitung:
Aus Mehl, Mondamin, Salz, Sahne, Butter, Zucker und einem Eigelb einen
Teig kneten. Eine viertel Stunde den Teig in den Kühlschrank stellen.
Eine Quicheform (Back- oder Pizzaform) aufstellen. Zwischen zwei
Backpapieren wird der Teig mit der Holzrolle ausgerollt. Wenn es geht, eine
schöne runde Form rollen. Das obere Backpapier entfernen. Den Teig auf
dem unteren Backpapier insgesamt mittig in die Form legen. Vorsichtig den
Teig, ohne dass er reißt, etwas an den Rand drücken. Die Blaubeeren nicht
waschen, nur durchschauen, ob alle Beeren gut sind und Grünteile entfernen.
Die Blaubeeren auf den Teig geben. Schmand mit Zucker, einem Eigelb und
zwei Teelöffeln Mondamin verrühren und mit einem Löffel gleichmäßig über
die Blaubeeren verteilen.
Wenn grobe Teile vom Teig überstehen, bitte etwas Teig abschneiden. Es
muss aber ein schöner Rand bestehen bleiben.
Bei 190 - 200° Ober- und Unterhitze den Backofen vorheizen.
Dann ca. 55 - 60 Minuten backen.

Abkühlen lassen. Mit dem Backpapier auf eine Tortenplatte gleiten lassen. :
Dann vorsichtig mit einem Tortenschieber den Blaubeerkuchen vom
Backpapier heben. Ganz lecker mit geschlagener Sahne dazu.

Blaubeer-Quarktorte

Zutaten:
einen dünnen Biskuitboden

Zutaten Füllung:
350 g frische Blaubeeren, 5 Esslöffel Zucker, 2 Päckchen roten Tortenguß,
500 g Quark, 125 g Zucker, Saft einer Zitrone, 1 Päckchen geriebene
Zitronenschale, ½ l Schlagsahne, 10 Blatt Gelatine

Zubereitung:
Den dünnen Biskuitboden mit einem Tortenring versehen. Ca. 300 g
Blaubeeren mit wenig Wasser und 5 Esslöffel Zucker (bei Bedarf mehr) zum
Kochen bringen. Zwei Päckchen Tortenguß anrühren und die Obstmasse
damit andicken und auf den Biskuitboden geben. Eine Stunde in den
Kühlschrank stellen.
Den Quark mit 125 g Zucker, dem Päckchen geriebener Zitronenschale
und dem Saft einer Zitrone verrühren. Die Schlagsahne steif schlagen und
vorsichtig unterheben. Die in kaltem Wasser eingeweichten Gelatineblätter
ausdrücken und in einem Topf etwas erwärmen, so dass die Gelatineblätter
flüssig werden (nicht zu heiß werden lassen).
Etwas der Quark-Sahnemasse zu der aufgelösten Gelatine geben und
verrühren. Jetzt die Gelatine in die Sahne-Quarkmasse einrühren. Auf die
erkaltete Blaubeermasse geben und die restlichen Blaubeeren etwas in die
Quarkmasse eindrücken. Mit einigen Sahnetupfern und Minzeblätter
servieren.

Apfelmustörtchen

Zutaten:

1 ½ Tassen Mehl,   100 g zimmerwarme Butter,
1 Tasse Speisestärke,   1 Teelöffel Zucker, 1 Eigelb,
Prise Salz,   kleines Glas Apfelkompott
2 Esslöffel Sahne,   (ergibt ca. 4 Törtchen)

Zubereitung:

Aus Mehl, Speisestärke, Prise Salz, zwei Esslöffel Sahne, Butter, Eigelb und Zucker einen Teig kneten. Törtchenformen mit etwas Fett ausreiben, so dass das zugeschnittene Backpapier besser haften bleibt. Die Törtchen mit Teig dünn bedecken. Eine dünne Teigwurst drehen und um den Teig auf dem Rand andrücken. Apfelkompott einfüllen und aus dem Rest des Teiges dünne Teigwürste drehen und auf den Apfelkompott als Gitter legen.
Bei vorgeheiztem Backofen bei 190 – 200° C Ober- und Unterhitze ca. 55 – 60 Minuten backen. Warm oder kalt mit geschlagener Sahne ein Gedicht.

Baiser-Mandarinentorte

Zutaten Teig:
5 Eigelb, 125 g Zucker, 150 g Mehl, 1 Teelöffel Backpulver,
140 g Margarine

Zutaten Baiser:
5 Eiweiß, 1 Prise Salz, 200 g Zucker

Zutaten Torte:
1 große Dose Mandarinen, 500 ml 35 %-ige Konditorsahne,
4 Esslöffel Zucker

Zubereitung:
Eigelb, 125 g Zucker, 150 g Mehl, 1 Teelöffel Backpulver und
140 g Margarine zu einem Teig verrühren. Mit bemehlten Fingern auf
zwei eingefetteten Springformen verteilen. Fünf Eiweiße mit einer
Prise Salz schön steif schlagen. 200 g Zucker einrieseln lassen. Auf beide
Böden verteilen. Nicht glatt streichen. Ruhig Eiweißspitzen stehen lassen.
Bei 160° C Ober- und Unterhitze ca. 35 Minuten backen.
Den ersten Tortenboden auf eine Tortenplatte legen. Die Sahne mit vier
Esslöffeln Zucker steif schlagen. Die Hälfte der Sahne auf dem Boden
verteilen. Die abgetropften Mandarinen auf der Sahneschicht und den Rest
Sahne auf den Mandarinen verteilen. Den zweiten Tortenboden in zwölf
Stücke schneiden und auf die Sahne legen.

Ofenkater

Zutaten:
5 Eier, 500 g Mehl, ½ l Milch, ½ Teelöffel Salz, 1 Päckchen Backpulver,
300 g durchwachsenen Speck in dünnen Scheiben, 2 Birnen

Zubereitung:
Aus Mehl, Milch, Salz, Eiern und Backpulver einen Rührteig rühren. Die
Birnen schälen und in Würfel schneiden. Unter den Teig heben. Jetzt eine
Kastenform einfetten und mit einigen Scheiben durchwachsenem Speck dicht
an dicht auslegen. Den Teig
darauf einfüllen und obendrauf
dicht an dicht mit
Speckscheiben belegen.
Im Backofen bei 200° C Ober-
und Unterhitze
ca. 60 – 70 Minuten backen.
Den Ofenkater kopfüber auf
eine Platte stürzen. Mit
Birnen- oder Himbeersoße
servieren.

.

Dünentorte

Zutaten:
1 dünner
Biskuitboden

Zutaten Füllung:
750 g Schmand, 2 kleine Dosen Mandarinen, 2 Esslöffel
Zucker, 2 Päckchen Vanillezucker, 10 Blatt Gelatine

Zutaten Belag:
500 ml 35 %-ige Konditorsahne, 100 g Getränkepulver (Orangengeschmack),
3 Blatt Gelatine, Pistazien, 3 Päckchen Vanillezucker

Zubereitung:
Einen dünnen Biskuitboden mit einem Tortenring umlegen. Die Mandarinen in
einem Sieb abtropfen lassen, den Mandarinensaft auffangen. Den Schmand mit
dem Mandarinensaft zusammen verrühren. Zwei Esslöffel Zucker und den
Vanillezucker unterrühren. Die Gelatine in etwas kaltem Wasser ca. 5 Minuten
einweichen lassen. Die eingeweichten Gelatineblätter gut ausdrücken und in
einen Topf ganz leicht unter Rühren etwas erwärmen. Wenn die Gelatine sich
aufgelöst hat, etwas von der Schmandmasse erst in den Topf zu der Gelatine
geben und sofort gut verrühren. Danach die Masse aus dem Topf in die
Schmandmasse einrühren. Die Mandarinen unterheben und die gesamte Masse
auf den Tortenboden füllen und glattstreichen. Die Torte in den Kühlschrank
stellen.
Für die Sahnekugeln drei Blatt Gelatine in etwas kaltem Wasser einweichen.
Die Schlagsahne steif schlagen, das Getränkepulver unterrühren, drei
Päckchen Vanillezucker dazu geben. Die eingeweichte Gelatine ausdrücken, in
einem Topf etwas erwärmen, so daß die Gelatineblätter sich auflösen (nicht zu
stark erhitzen, dann wirkt die Gelatine nicht). Jetzt etwas von der angerührten
Sahne zu der aufgelösten Gelatine geben, kräftig rühren und sofort in die
Sahnemasse geben und weiter gut rühren. Die fertige Sahnemasse in eine
Schüssel tun und einige Stunden in den Kühlschrank stellen.
Die angedickte Sahnemasse mit einem Eiskugelportionierer in Kugeln dicht an
dicht auf die Torte setzen (so wie man Eiskugeln macht).
Mit Pistazien verzieren.

Blaubeer-Sahnetorte

Zutaten Teig:
4 Eier,
130 g Zucker,
95 g Mehl,
65 g Speisestärke,
1 Teelöffel Backpulver

Zutaten Torte:
1 Päckchen tiefgefrorene Blaubeeren
(oder frische),
8 Esslöffel Zucker,
5 Päckchen roten Tortenguss,
700 ml 35%-ige Konditorsahne,
frische Blaubeeren zum Verzieren

Zubereitung:
Vier Eiweiß schön steif schlagen. 130 g Zucker einrieseln lassen.
Vier Eigelbe vorsichtig unterheben. Mehl, Speisestärke und Backpulver
mischen und ebenfalls vorsichtig unter die geschlagene Eimasse heben.
In eine gefettete und mit Paniermehl ausgestreute Springform füllen und bei
175° C Ober- und Unterhitze 25 Minuten backen. Abkühlen lassen und dann
einmal waagerecht durchschneiden. Den unteren Tortenboden auf eine
Tortenplatte legen und einen Tortenring umlegen.
Das Päckchen tiefgefrorene Blaubeeren mit etwas Wasser (evtl. 2 Tassen
Wasser) und acht Esslöffel Zucker zum Kochen bringen. Die fünf Päckchen
roten Tortenguss mit wenig Wasser anrühren und die Masse damit andicken.
Einige Stunden abkühlen lassen.
Jetzt die Sahne steif schlagen. 2/3 der geschlagenen Sahne mit der
abgekühlten Blaubeermasse vermengen. Auf den unteren Tortenboden
geben. Sahne auf die Masse geben. Tortendeckel auflegen.
Mit geschlagener Sahne und Blaubeeren verzieren.

Friesen-Baisertorte

Zutaten Teig:
5 Eigelb,
125 g Zucker,
150 g Mehl,
1 Teelöffel Backpulver,
140 g Margarine

Zutaten Baiser:
5 Eiweiß,
1 Prise Salz,
200 g Zucker

Zutaten Torte:
1 Glas Pflaumenmus,
500 ml 35 %-ige Konditorsahne,
4 Esslöffel Zucker

Zubereitung:
Eigelb, 125 g Zucker, 150 g Mehl, 1 Teelöffel Backpulver und
140 g Margarine zu einem Teig verrühren. Mit bemehlten Fingern
auf zwei eingefetteten Springformen verteilen. Fünf Eiweiße mit einer
Prise Salz schön steif schlagen. 200 g Zucker einrieseln lassen.
Auf beide Böden verteilen. Nicht glatt streichen. Ruhig Eiweißspitzen
stehen lassen.
Bei 160° C Ober- und Unterhitze ca. 35 Minuten backen.
Den ersten Tortenboden auf eine Tortenplatte legen.
Das Pflaumenmus auf dem Boden verteilen. 500 ml Schlagsahne mit
vier Esslöffel Zucker steif schlagen und auf dem Pflaumenmus verteilen.
Den zweiten Tortenboden in zwölf Stücke schneiden und auf die Sahne
legen.

Erdbeer-Joghurttorte

Zutaten:
1 Biskuitboden (siehe Tortenboden Orangen-Mandarinentorte),
10 Blatt Gelatine weiß,
2 Blatt Gelatine rot,
120 g Zucker,
1 Päckchen Vanillezucker,
500 g Joghurt,

1 abgeriebene Zitronenschale,
Saft einer Zitrone,
500 g frische Erdbeeren,
400 ml Schlagsahne

Zubereitung:
Die roten und weißen Blatt Gelatine in kaltem Wasser einweichen.
120 g Zucker, 1 Päckchen Vanillezucker, 500 g Joghurt, den Saft und die
abgeriebene Schale einer Zitrone so lange rühren, bis der Zucker sich
aufgelöst hat. Bis auf zwölf Erdbeeren (zur Verzierung) alle pürieren und
zur Quarkmasse hinzu geben. Die ausgedrückten Gelatineblätter im
Wasserbad auflösen und unter die Joghurtmasse geben. 400 ml Schlagsahne
steif schlagen und ebenfalls unter die Erdbeer-Joghurtmasse heben. Den
Tortenboden einmal durchschneiden. Den unteren Tortenboden mit einem
Tortenring umlegen.
Sechs Erbeeren durchschneiden und mit der glatten Seite auf dem
Tortenboden an den Rand setzen (die Erdbeeren sollen zu sehen sein).
2/3 der Joghurt-Erdbeermasse auf den unteren Boden geben Deckel
aufsetzen. Rest der Joghurtmasse auf den Deckel geben und glatt streichen.
Über Nacht im Kühlschrank gelieren lassen. Dekorieren.

Heidelbeer-Quarktorte

Zutaten Tortenboden:
5 Eier,
80 g Zucker,
80 g gehacktes Mandelgebäck,
30 g Mehl,
40 g Speisestärke,
½ Teelöffel Backpulver,
10 g Kakao

Zutaten Füllung:
10 Blatt weiße Gelatine,
1 Blatt rote Gelatine,
400 g gefrorene Heidelbeeren,
300 g frische Heidelbeeren,
150 g Zucker,
Saft und Schale einer Zitrone,
500 g Quark,
200 g Joghurt,
300 ml Sahne

Zubereitung:
Fünf Eiweiß mit 80 g Zucker steif schlagen. Die restlichen Zutaten
unterheben. In einer 28-er Springform bei 150 – 160 ° C Ober- und
Unterhitze ca. 35 Minuten backen. Abkühlen lassen.
Für die Füllung 150 g Zucker, 500 g Quark, 200 g Joghurt und den Saft und
die abgeriebene Schale einer Zitrone aufschlagen. Die Gelatine einweichen
und in einem Topf auflösen und zu der Quarkmasse geben.
Die aufgetauten Heidelbeeren pürieren und unter die Masse rühren.
Ebenfalls 2/3 der geschlagenen Sahne und die frischen Heidelbeeren.
Tortenboden einmal durchschneiden, Tortenring um den einen Boden legen.
2/3 der Masse auf den Boden geben. Eine Sahneschicht, dann den zweiten
Boden auflegen.
Den Rest der Masse verteilen und die Torte garnieren.

Schoko-Eierlikörtorte

Zutaten Tortenboden:
6 Eier, 150 g Zucker, 1 Prise Salz, 1 Päckchen Vanillezucker, 80 g Mehl,
80 g Speisestärke, 2 Esslöffel Kakao, 1 Teelöffel Backpulver

Zutaten Cremefinemasse:
500 g Cremefine (von Rama zum Schlagen), 125 ml Eierlikör,
1 Päckchen Vanillezucker, 1 Esslöffel Zucker

Zutaten Schokoladensahne:
750 ml 35 %-ige Sahne, 1 Esslöffel Kakaopulver, 2 Esslöffel Zucker

Zubereitung:
Sechs Eiweiß mit einer Prise Salz steif schlagen. Eigelb, Zucker, und
Vanillezucker schaumig rühren, bis der Zucker gelöst ist. Mehl, Speisestärke,
Kakao und Backpulver mischen und unter die Eigelbmasse rühren. Den
Eischnee vorsichtig unterheben. Den Teig in eine mit Backpapier ausgelegte
28er Form geben und bei 160 ° C Ober- und Unterhitze ca. 30-35 Minuten
backen.
Auskühlen lassen und den Boden dann in drei Böden schneiden. Den ersten
Boden mit einem Tortenring umlegen. Mit etwas Eierlikör beträufeln. Die
Zutaten für die Cremefinemasse zusammen steif schlagen.
Anschließend ¾ der Cremefinemasse kuppelförmig auf dem Tortenboden
verteilen. Den zweiten Tortenboden über die Kuppel legen. 750 ml 35 %-ige
Sahne mit zwei Esslöffel Zucker steif schlagen. Einen Esslöffel Kakao
unterrühren. Jetzt die Schokosahne bis zur Kuppelspitze auffüllen. Den
dritten Boden auflegen. Mit ¼ der Cremefinemasse bedecken und
verstreichen. Die Torte mit Sahnetupfer umringen und Eierlikör auf die Torte
geben.

Beschwipste Apfel-Mandel-Torte

Zutaten Tortenboden:
6-7 Eiweiß, 125 g Puderzucker, 75 g Zucker, 2 Päckchen Vanillezucker,
1 Prise Salz, 6-7 Eigelbe, 2 Esslöffel Amaretto, 200 g gemahlene Mandeln,
2 Teelöffel Backpulver

Zutaten Füllung:
1 kg Äpfel, etwas Zimt, etwas Zucker, etwas Apfelsaft, Vanillepudding, 600
ml 35 %-ige Schlagsahne, 1 Päckchen Vanillezucker, Eierlikör

Zubereitung:
6-7 Eiweiß steif schlagen. 125 g Puderzucker, 75 g Zucker, 2 Päckchen
Vanillezucker und eine Prise Salz einrieseln lassen. 6-7 Eigelbe und 2
Esslöffel Amaretto unterrühren. 200 g gemahlene Mandeln mit den zwei
Teelöffeln Backpulver unterheben. Den Teig in einer 28-er Form bei 150° C
Ober- und Unterhitze ca. 40 Minuten backen. Von ca. 1 kg Äpfeln mit ein
wenig Zimt, Zucker und Apfelsaft Apfelmus kochen. Dieses mit
Vanillepudding binden. Den fertigen Boden einmal durchschneiden. Den
unteren Boden mit einem Tortenring umlegen. Das warme Apfelmus auf den
Boden geben und gern über Nacht kalt werden lassen. 600 ml Sahne mit
einem Päckchen Vanillezucker steif schlagen und ca. 60% der Sahne auf der
Apfelmasse verteilen. Den 2. Boden aufsetzen. Die restliche Sahne verteilen
und glatt streichen. Am Aussenrand der Torte Sahnetupfer dicht an dicht
setzen und anschließend Eierlikör verteilen. Mit Äpfeln und Minzblätter
dekorieren.

Käse-Sahnetorte

Zutaten Mürbeteig:
130 g Butter, 75 g Zucker, 1 Eigelb, 230 g Mehl

Zutaten Torte:
500 g Quark, 80 g Zucker, abgeriebene Zitronenschale und Saft
einer Zitrone, 150 ml Milch, 1 Dose Pfirsiche, 100 ml Pfirsichsaft,
80 g Zucker, 4 Eigelb, 8 Blatt helle Gelatine,
500 ml 36 %-ige Konditorsahne, 2 Päckchen Vanillezucker

Zubereitung:
Aus Butter, Zucker, einem Eigelb und 230 Mehl einen Mürbeteig rühren.
Teig in zwei eingefettete 28 cm Springformen verteilen und 15 Minuten bei
160° Heißluft backen. Einen Tortenboden noch warm in 12 Teile schneiden
und abkühlen lassen. Den ganzen Tortenboden mit einem Tortenring
umlegen. 500 g Quark mit 80 g Zucker aufschlagen. Zitronensaft und
abgeriebene Zitronenschale unterrühren. 150 ml Milch, 100 ml Pfirsichsaft,
80 g Zucker und vier Eigelb zusammen unter Rühren aufkochen. Die
Gelatine nach Vorschrift einweichen und ausdrücken. In die Masse rühren.
Auskühlen lassen. Danach zu der Quarkmasse geben. Stehen lassen, bis es
eine Straße zieht. Dann die Masse noch einmal aufschlagen und die mit zwei
Päckchen Vanillezucker steif geschlagene Sahne unterheben. Zwei
Pfirsichhälften zur Deko zurücklegen. Den Rest Pfirsiche in kleine Würfel
schneiden und ebenfalls unter die Masse heben. Auf den unteren Tortenboden
geben und über Nacht im Kühlschrank steif werden lassen.
Mit geschlagener Sahne und Pfirsichspalten dekorieren und die
Mürbeteigzwölftel schräg auf die Torte stellen.

Stracciatellatorte

Zutaten Teig:
6 Eier, 140 g Zucker, 60 g Mehl, 80 g Speisestärke, 40 g Raspelschokolade

Zutaten Torte:
1 Glas Stachelbeeren, 30 g Zucker, 1 Päckchen Vanille-Pudding,
40 g Raspelschokolade, 700 ml 35 %-ige Konditorsahne,
1 Päckchen Vanillezucker, Eierlikör

Zubereitung:
Sechs Eiweiße steif schlagen, Zucker einrieseln lassen. Mehl,
Raspelschokolade und Speisestärke unterheben.
Bei 160 ° Ober- und Unterhitze 30 Minuten backen. Abkühlen lassen. Den
Boden zwei mal durchschneiden. Um den unteren Boden einen Tortenring
legen. Einige Stachelbeeren zurücklegen. Ein Glas Stachelbeeren mit 30 g
Zucker und einem angerührten Päckchen Vanille-Pudding andicken. Die
heißen Stachelbeeren auf den Tortenboden geben und abkühlen lassen. Die
Sahne mit einem Päckchen Vanillezucker steif schlagen. 1/3 der Sahne auf
die Stachelbeeren streichen. Den 2. Boden auflegen, 1/3 der Sahne
verstreichen.
Den 3.Tortenboden auflegen und mit Sahne bestreichen. Auf der Torte außen
am Rand durchgängig Sahnetupfer spritzen und anschließend den Eierlikör in
die Mitte geben und verteilen. Mit Stachelbeeren und Raspelschokolade
dekorieren.

Mokkatorte

Zutaten:
1 gekauften Baiserboden (28 cm)

Zutaten Schoko-Bisquit:
5 Eier, 140 g Zucker, 60 g Kartoffelmehl, 50 g Speisestärke,
30 g Kakao, 1/3 Päckchen Backpulver

Zutaten Füllung:
1 l 35 %-ige Konditorsahne, 2 Päckchen Vanillezucker,
1 Glas 3-Beeren-Gelee, 2 Esslöffel Puderzucker, 1 Esslöffel Kakao,
7 Teelöffel löslicher Kaffee, 250 ml Sahne zum Verzieren

Zubereitung:
Fünf Eiweiß steif schlagen. 140 g Zucker einrieseln lassen. Eigelb,
Kartoffelmehl, Speisestärke und Kakao unter das geschlagene Eiweiß heben.
In eine eingefettete 28 cm-Backform füllen und
35 Minuten bei 160 ° Ober- und Unterhitze backen. Abkühlen lassen.
Den Tortenboden einmal durchschneiden. Den Tortenboden mit einem
Tortenring umlegen. Die Hälfte des Gelees auf dem Boden verteilen.
Die Sahne halbsteif schlagen. 2 Esslöffel Puderzucker, 1 Esslöffel Kakao,
2 Päckchen Vanillezucker und 7 Teelöffel löslicher Kaffee in ganz wenig
warmem Wasser auflösen und in die Sahne rühren, jetzt die Sahne steif
schlagen. 40% der geschlagenen Sahne auf dem Tortenboden mit Gelee
verteilen. Den Baiserboden auflegen und mit der restlichen Marmelade
bestreichen. Darauf wieder ca. 40% der Sahne verstreichen. Den zweiten
Boden auflegen und ein wenig festdrücken. Restliche Sahne gleichmäßig
verteilen. 250 ml Sahne steif schlagen und die Torte dekorieren.

Zitronen-Baisertorte

Zutaten für 2 Böden:
140 g Margarine,
125 g Zucker,
5 Eigelb,
150 g Mehl,
1 Teelöffel Backpulver,
5 Eiweiß,
200 g Zucker,
200 gemahlene Haselnüsse

Zutaten Zitronencreme:
80 ml Zitronensaft,
45 ml Wasser,
5 Teelöffel Speisestärke,
1 Tasse Zucker,
500 ml 35 %-ige Konditorsahne,
2 Päckchen Vanillezucker

Zubereitung:
Aus 140 g Margarine, 125 g Zucker, 5 Eigelb, 150 g Mehl und einem
Teelöffel Backpulver einen Rührteig herstellen. Diesen auf zwei 28 cm
Springformen verteilen. Fünf Eiweiß mit 200 g Zucker schön steif schlagen.
200 g gemahlene Haselnüsse unterheben und auf beide Böden verteilen. Bei
160° Heißluft ca. 30 Minuten backen.
80 ml Zitronensaft, 45 ml Wasser, 5 Teelöffel Speisestärke und eine Tasse
Zucker verrühren und aufkochen lassen. Im Topf erkalten lassen.
Den einen Tortenboden auf eine Tortenplatte legen. Die Sahne mit zwei
Päckchen Vanillezucker steif schlagen. Die kalte Zitronencreme unterheben.
Auf den Tortenboden verteilen. Den zweiten Boden in 12 Teile schneiden
und auf die Sahne legen und verzieren.

Paradiestorte

Zutaten Tortenböden:
5 Eigelb, 125 g Zucker, 150 g Mehl, 1 Teelöffel Backpulver, 5 Eiweiß,
150 g Margarine, 200 g Zucker, Zimt-Zucker, 100 g gehobelte Haselnüsse
Zutaten Pflaumenkompott:
1 Glas Pflaumen, 2 Esslöffel Zucker, 1 Päckchen Vanille-Pudding,
½ Teelöffel Zimt-Zucker
Zutaten Paradiescreme:
2 Becher Schmand, 1 Esslöffel Zucker, 60 ml Eierlikör,
1 Päckchen Paradiescreme-Pulver Vanille
Zutaten Sahne:
400 ml Sahne, 1 Päckchen Vanillezucker

Zubereitung:
5 Eigelb, 150 g Margarine, 125 g Zucker, 150 g Mehl und einen Teelöffel
Backpulver zu einem Teig verrühren. Auf zwei 28-er Formen verteilen. Fünf
Eiweiß steif schlagen. Während des Schlagens 200 g Zucker einrieseln
lassen. Die dicke Eiweiß-Zuckermasse auf den beiden Teigböden verteilen.
Spitzen stehen lassen, nicht glatt streichen. Mit Zimt-Zucker bestreuen und
mit insgesamt 100 g gehobelten Haselnüssen die Eischneespitzen bestreuen.
Bei Bei 140° Heißluft 35 Minuten backen.
Glas Pflaumen abtropfen lassen. Klein schneiden und mit dem Saft, zwei
Esslöffel Zucker, einem halben Teelöffel Zimt-Zucker zum Kochen bringen.
Mit einem Päckchen Vanille-Pudding andicken. Die gedickten Pflaumen auf
einen Boden geben und abkühlen lassen.
Zwei Becher Schmand mit einem Esslöffel Zucker und 60 ml Eierlikör lange
aufschlagen. Dann ein Päckchen Paradiescreme-Pulver Vanille einrühren.
Auf die erkalteten Pflaumen streichen. 400 ml Sahne mit Vanillezucker steif
schlagen und auf der Paradiesschicht geben und glatt streichen. Den zweiten
Boden in zwölf Stücke schneiden, auflegen und dekorieren.